BOEKANALYSE

AF143858

The Giver

· · · · · · · · · · · · · · · ·

Lois Lowry

BOEKANALYSE

Geschreven door Yann Dalle
Vertaald door Nikki Claes

The Giver

LOIS LOWRY

LOIS LOWRY

AMERIKAANSE SCHRIJVER

- **Geboren in Honolulu in 1937**
- **Opmerkelijke werken:**
  - *Anastasia Krupnik* (1979), roman
  - *Alles over Sam* (1988), roman
  - *Number the Stars* (1989), roman

Lois Lowry is een Amerikaanse auteur voor kinderen en jongeren. Als dochter van een militair en later echtgenote van een marineofficier heeft ze van jongs af aan veel gereisd. Ze raakte relatief laat in haar leven geïnteresseerd in schrijven en publiceerde haar eerste roman, *Anastasia Krupnik*, in 1979. Ze ontving de prestigieuze Newbery Medal voor kinderliteratuur in de VS in 1990 voor *Number the Stars* en opnieuw in 1994 voor *The Giver*.

THE GIVER

EEN DYSTOPISCHE YOUNG ADULT ROMAN

- **Genre:** science fiction roman
- **Referentie uitgave:** Lowry, L. (2008). *The Giver*. Londen: HarperCollins.
- **1e editie:** 1993
- **Thema's:** individu en samenleving, totalitarisme, vrijheid, euthanasie, dystopie

The Giver is de eerste roman in de *The Giver* quartet-serie en is gericht op jongvolwassen lezers. Het boek is geïnspireerd op de grote werken van dystopische fictie (d.w.z. werken die een denkbeeldige totalitaire samenleving beschrijven en de beperkingen die zij oplegt aan het leven van haar burgers) uit de eerste helft van de 20e eeuw, zoals *Brave New World* (1932) van Aldous Huxley (Engelse schrijver, 1894-1963) en *1984* (1949) van George Orwell (Engelse schrijver, 1903-1950).

De roman vertelt het verhaal van Jonas, een jonge jongen die in een minutieus georganiseerde futuristische samenleving leeft, die wordt opgeroepen om de "ontvanger van de herinnering" te worden, de enige drager van het collectieve geheugen van de gemeenschap, terwijl alle anderen in zalige onwetendheid over hun verleden leven. Hij begint te leren over de rol van zijn voorganger en komt tot het besef dat zijn kleine wereld veel minder idyllisch is dan hij altijd heeft gedacht.

SAMENVATTING

EEN ONGEWONE JONGEN

Jonas is een 11-jarige jongen die leeft in een futuristische samenleving waar het dagelijkse leven wordt geregeld door zeer strenge wetten. De stabiliteit van de gemeenschap als geheel hangt af van de extreme beperking van persoonlijke vrijheden. Burgers mogen bijvoorbeeld niet zelf hun kleding, hun baan, de naam van hun kinderen of zelfs hun echtgenoot kiezen. Ook voortplanting is verboden. Er worden pillen verstrekt om emoties en seksuele verlangens te onderdrukken en pasgeborenen ("new-children") worden in speciale centra verwekt. Overtredingen worden streng bestraft, hetzij door een boodschap die via luidsprekers wordt uitgezonden, hetzij door een waarschuwing die verdere gevolgen kan hebben: elke dag worden zwakke kinderen, bejaarden en criminelen "vrijgelaten", een geheimzinnig woord dat de bewoners gebruiken zonder echt te begrijpen wat het betekent en dat zij gelijkstellen met iets dat "Elders" heet.

Jonas groeit op in deze kleurloze wereld, waar elk detail van ieders privéleven minutieus wordt geregeld. Zijn familie zorgt goed voor hem, maar toont hem niet echt liefde. Zijn zusje is nog erg jong, zijn moeder werkt op het ministerie van Justitie en zijn vader, die als verzorger werkt in het verzorgingscentrum voor pasgeborenen, maakt zich zorgen over de gezondheid van een van de nieuwe kinderen, Gabriel. De baby groeit niet zo snel als hij zou moeten, dus neemt Jonas' vader hem mee naar huis, waar hij hem gemakkelijker kan verzorgen.

Twee dingen onderscheiden Jonas van de andere burgers: hij heeft bleke ogen, die zeer zeldzaam zijn in zijn gemeenschap (er zijn slechts drie andere personen met bleke ogen: een jonger meisje dat hij eerder heeft gezien, baby Gabriel, en de ontvanger van de herinnering, een man die hij zelden ziet) en hij heeft het "Vermogen om verder te zien" (p. 79), dat wil zeggen de wereld anders te zien. Voorwerpen veranderen vaak enkele seconden van uiterlijk terwijl hij ze observeert, hoewel deze gave niet onmiddellijk zichtbaar is en zich pas geleidelijk begint te manifesteren. De voorvallen worden met name frequenter naarmate de "Ceremonie van de Twaalf" nadert. Tijdens deze jaarlijkse ceremonie horen alle kinderen die op het punt staan 12 jaar te worden welke taak hun door de ouderen is toebedeeld.

DE ONTVANGER VAN DE HERINNERING

Jonas verneemt dat hij de nieuwe "ontvanger van de herinnering" wordt, een unieke en prestigieuze rol, maar ook een zeer moeilijke. Voortaan mag hij een aantal regels overtreden: hij is niet langer verplicht bepaalde ceremonies bij te wonen, mag alle vragen stellen die hij wil en mag liegen. Hij is ook vrijgesteld van de wet die bepaalt dat iedereen zijn dromen moet vertellen tijdens het ochtendritueel.

Aan de andere kant mag hij geen medicijnen meer nemen, tenzij zijn werk dat vereist (een deel van de overdracht van het geheugen houdt in dat hij alle emoties en sensaties voelt die met deze herinneringen samenhangen, inclusief pijn). Ten slotte is het hem absoluut verboden de aard van zijn leertijd aan andere mensen uit te leggen.

Elke dag na school gaat hij naar het huis van de man die hij binnenkort zal vervangen om zijn opleiding te beginnen. Het is een oude man met bleke ogen, die uitgeput is geraakt door zijn opdracht en lange tijd in diepe eenzaamheid heeft geleefd. Dit weerhoudt hem er niet van gerespecteerd te worden door zijn gemeenschap, die hem de bijnaam "de gever" geeft.

Voor zijn eerste les vraagt de gever Jonas te gaan liggen en legt dan zijn handen op hem. Een vreemde sensatie vult onmiddellijk het lichaam van de jongen en hij stelt zich meteen voor dat hij op een slee de besneeuwde hellingen van een berg af dendert. Dit is een onbegrijpelijke ervaring, want Jonas heeft nog nooit in zijn leven een echte slee, sneeuw of bergen gezien. Hij is enkel getuige geweest van een herinnering, het eerste fragment van het grote collectieve geheugen dat de gever aan hem begint door te geven. Naarmate de dagen verstrijken, begint Jonas zijn rol te begrijpen: hij is verantwoordelijk voor alle herinneringen van de gemeenschap. In een wereld waarin mensen hun eigen herinneringen niet meer in hun hoofd opslaan, is het zijn verantwoordelijkheid om ze te bewaken, zodat zijn medeburgers zonder zorgen kunnen leven. Zonder hem zouden gevaarlijke herinneringen, zoals de bijtende kou van de sneeuw of pijnlijke herinneringen aan de oorlog, angst en paniek kunnen aanwakkeren en het fragiele evenwicht van de gemeenschap in gevaar kunnen brengen.

Dit is het begin van een nieuw leven voor Jonas, die emoties ervaart waarvan hij zich voorheen niet bewust was. Hij ontdekt vreugde, passie, verlangen en liefde, maar ook verdriet en liefdesverdriet. Hij komt tot het inzicht dat veel emoties vroeger al bestonden, maar dat ze door de gemeenschap zijn geëlimineerd, begraven onder wetten of opgelost door de medicijnen die mensen elke dag moeten innemen. Ten slotte ontdekt Jonas kleur als de herinneringen een nieuwe, kleurrijke wereld onthullen, waar hij al eerder een glimp van had opgevangen, toen zijn vermogen om "verder te zien" zich manifesteerde.

Al deze ontdekkingen gaan echter gepaard met een groeiend gevoel van eenzaamheid, want Jonas zou graag aan anderen vertellen wat hij heeft geleerd, maar dat kan hij niet. Hij probeert tevergeefs herinneringen door te geven aan zijn vrienden en familie; niemand is ontvankelijk, behalve Gabriel, de baby met bleke ogen waar zijn vader voor zorgt.

EEN MAATSCHAPPIJ MET GEBREKEN

Er gaat een jaar voorbij, waarin Jonas geleidelijk zijn mening over zijn gemeenschap verandert. Hij beseft dat zijn medeburgers, door de slechte herinneringen te verdringen, ook de goede hebben verwijderd. In hun pogingen om lijden, angst en door hartstocht veroorzaakte excessen uit te bannen, hebben de wetten ook liefde, vreugde, verlangen en vele andere menselijke emoties gedoofd en alle sporen van individualiteit verwijderd. Hij wordt gegrepen door een drang om in opstand te komen en dit verlangen wordt nog sterker na een nieuwe en verschrikkelijke openbaring.

Hij vraagt zich al lange tijd af wat "vrijlaten" werkelijk betekent. Uiteindelijk vraagt hij het aan de gever, die hem voorstelt een video van een vrijlating te bekijken. De film is van de werkplaats van zijn vader, het voedingscentrum. De wet verbiedt het bestaan van tweelingen, en als ze ontstaan is het de verantwoordelijkheid van Jonas' vader om de kleinste van de twee vrij te laten. In de video die Jonas bekijkt, geeft zijn vader de baby een injectie en hij sterft binnen enkele seconden. Geen van de leden van de gemeenschap begrijpt echter de werkelijke betekenis hiervan, aangezien zij zich niet bewust zijn van de dood en euthanasie zien als een vertrek naar een betere wereld.

Jonas beseft dat hij lange tijd in een verschrikkelijke leugen heeft geloofd en dat het woord "vrijlating" niets anders is dan een eufemisme voor moord. Deze openbaring is voor hem het kantelpunt en hij wordt vervuld van het verlangen om deze maatschappij, die hem met de dag meer verafschuwt, omver te werpen. Nu hij besloten heeft de waarheid te onthullen, stelt hij zich voor iedereen nieuwe emoties te tonen, kleuren en herinneringen te laten zien en alles te doen wat in zijn macht ligt om hen uit de wakkere droom te halen waarin ze hun hele leven al zijn ondergedompeld. Zijn verlangen om te rebelleren blijkt aanstekelijk: de gever stemt ermee in hem te helpen en samen bedenken ze een plan.

DE ONTSNAPPING

Er wordt besloten dat Jonas de gelegenheid van de grote jaarlijkse plechtigheden, waarbij de hele gemeenschap op één plaats samenkomt, zal aangrijpen om zo ver mogelijk weg te vluchten. Als hij ver genoeg weg is, zullen alle herinneringen die hij heeft geabsorbeerd onmiddellijk vrijkomen, zich door de hele gemeenschap verspreiden en iedereen de alternatieve werkelijkheid laten zien die hij al heeft meegemaakt. Alles lijkt in orde tot de avond ervoor, wanneer Jonas verneemt dat Gabriel, die nog te klein is, net veroordeeld is om te worden vrijgelaten. Om hem te redden vertrekt Jonas eerder dan gepland met hem. Hij steelt de fiets van zijn vader en fietst zo snel als hij kan weg, zich telkens verstoppend als hij het risico loopt ontdekt te worden. Elk uur dat verstrijkt put hem nog meer uit, maar ondanks zijn honger en de kou verzamelt hij genoeg energie om de bergwand te beklimmen, terwijl hij de baby, die uiterst zwak is, beschermt. Op de top ontdekt hij een slee, dezelfde die hij had gezien in de herinnering die door de gever werd doorgegeven, waarmee hij de besneeuwde helling afglijdt in de richting van de lichten die hij in de verte ziet.

Aan de voet van de berg staat een huis. Jonas kijkt door een van de ramen en ziet een gezin dat Kerstmis viert. Voor het eerst hoort hij muziek en ziet hij een tafereel zoals hij dat nog nooit eerder heeft gezien: een tafereel van liefde. De baby is veilig dankzij Jonas' herinneringen aan warmte en de kracht van zijn liefde, en Jonas heeft zojuist ontdekt dat er een elders bestaat, buiten de wereld die hij altijd heeft gekend.

KARAKTERSTUDIE

JONAS

De 11-jarige Jonas is vrijgevig en intelligent en was "een top-student gedurende zijn hele schooltijd" (p. 78). Hij is erg kies-keurig en als hij praat "zoekt hij naar het juiste woord om zijn eigen gevoel te beschrijven" (p. 4). De oudsten zien zijn nieuwsgierigheid als een pluspunt, maar hij vindt het zorg-wekkend als hij de Ceremonie van Twaalf nadert. Hij was geïnteresseerd in een breed scala aan taken tijdens zijn jaren als vrijwilliger en daardoor vindt hij het moeilijk zich voor te stellen welke baan hij uiteindelijk zou kunnen gaan doen.

Jonas is de hoofdpersoon in het verhaal en is uitgekozen om de nieuwe "ontvanger van de herinnering" te worden. Hij valt op in een maatschappij waar alles is gehomogeniseerd tot "Sameness" (p. 106). Ten eerste heeft hij "andere, lichtere ogen" (p. 25) die de andere burgers als "grappig" zien (p. 24). Ten tweede beschikt hij over uitzonderlijke moed en integri-teit, die als essentieel worden gezien voor de rol die hem binnen de gemeenschap is toebedeeld. Hij bezit ook een mysterieuze kracht, het "vermogen om verder te zien" (p. 79), waarvan de ouderen niet op de hoogte zijn. Soms verande-ren de voorwerpen die hij observeert van uiterlijk en hij kan niet begrijpen wat de oorzaak is van deze transformatie. Later zal hij begrijpen dat hij kleur ziet en dat is wat de voor-werpen anders maakt.

Aan het begin van het verhaal is hij in wezen zorgeloos, maar geleidelijk begint hij zichzelf en het systeem waarvan hij deel uitmaakt in twijfel te trekken: hij geniet van zijn eerste romantische verlangens en ziet niet in waarom hij die zou moeten onderdrukken. Vanaf zijn eerste ontmoeting met de gever zien we dat hij vastberaden is en iets rebels heeft. Hij is meedogenloos in het nastreven van zijn idealen en laat zijn oneerlijke maatschappij achter zich om echte vrijheid te kunnen ervaren.

DE ONTVANGER VAN DE HERINNERING

De ontvanger van de herinnering is een van de meest gerespecteerde leden van de gemeenschap. Hij bewaart alle herinneringen aan het verleden in zijn geest en bewaart de gelukkige momenten samen met de droevige. Hij mag er echter niet met anderen over praten. Hij leeft in diepe eenzaamheid, gebukt onder de slechte herinneringen die hij meedraagt. Zijn rol is ook om al deze collectieve herinneringen door te geven aan zijn opvolger, daarom noemen de andere leden van de gemeenschap hem "de gever". Hij gebruikt hiervoor een mysterieuze kracht: door zijn handen op een ontvankelijk persoon te leggen (zoals Jonas, die van nature nieuwsgierig is en aan allerlei vrijwilligersactiviteiten heeft deelgenomen), kan hij een herinnering aan hen doorgeven.

Hij is al een oude man, voortijdig verouderd door zijn opdracht. Net als Jonas heeft hij bleke ogen. Enkele jaren eerder verloor hij zijn jonge dochter, die zijn opvolger zou worden, maar het gewicht van de pijnlijke herinneringen niet kon dragen en vroeg om "vrijlating".

JONAS' KLASGENOTEN: FIONA EN ASHER

Jonas' beste vriend Asher is een energiek en vaak onhandelbaar kind. Hij heeft de neiging de verkeerde dingen te zeggen en zijn leraren straffen hem daar zwaar voor. Hij krijgt de taak van assistent-directeur van recreatie.

Fiona is "een goede studente, rustig en beleefd, maar ze heeft ook gevoel voor plezier" (p. 34). Jonas vindt haar erg leuk en heeft zelfs een opvallende droom over haar die hem aanzet tot zijn eerste lichamelijke driften. Ze helpt graag ouderen en werkt het grootste deel van haar vrijwilligersuren met hen, dus het komt niet als een verrassing wanneer de ouderen haar de rol van verzorger van de ouderen toewijzen.

JONAS' FAMILIE

Jonas' vader is een zachtaardige, attente man die graag voor kinderen zorgt. Hij werkt als verzorger en zorgt voor nieuwe kinderen.

Zijn moeder is een intelligente vrouw die op het ministerie van Justitie werkt. Zij kiest de straffen die worden uitgedeeld aan hen die de wet niet respecteren.

Hoewel zijn ouders zich blindelings aan de regels van de gemeenschap houden, kan Jonas het niet over zijn hart krijgen hen dat kwalijk te nemen. Zijn probleem ligt namelijk niet bij de individuen, maar bij de gemeenschap als geheel en haar functioneren.

Jonas heeft ook een jongere zus, Lilly. Zij is zeven jaar oud, vol energie en nogal ondeugend.

ANALYSE

FANTASIE EN SCIENCEFICTION IN *THE GIVER*

The Giver speelt zich af in een futuristische samenleving die sterk verschilt van de onze, wat de vraag oproept of het een werk van sciencefiction of fantasy is. De twee genres verschillen in de mate waarin hun gebeurtenissen verklaarbaar of onverklaarbaar zijn:

- Fantasy bevat irrationele elementen en magie, dat wil zeggen dingen die wetenschappelijk onverklaarbaar zijn en laat de mogelijkheid open van zowel rationele als irrationele verklaringen voor hun aanwezigheid.

- Sciencefiction beschrijft onbekende universums, die vaak technologisch geavanceerder zijn dan de onze, waarin alles door de wetenschap kan worden verklaard. De werelden die erin worden afgebeeld zijn een soort verlengstuk van de onze en hebben grote wetenschappelijke vooruitgang meegemaakt, die zowel positieve als negatieve gevolgen kan hebben gehad.

Deze twee genres hebben een aantal gemeenschappelijke kenmerken en zijn soms moeilijk van elkaar te onderscheiden. *The Giver* is meer een werk van sciencefiction, omdat het een maatschappij portretteert die op veel gebieden (met name op het gebied van geneeskunde en technologie) grote vooruitgang heeft geboekt, maar waar alles min of meer verklaarbaar is, ook al heeft het geen basis in de werkelijkheid. Wanneer de ontvanger echter Jonas in handen krijgt en erin slaagt zijn geest binnen te dringen om hem herinneringen uit het collectieve verleden toe te vertrouwen, maakt het verhaal een uitstapje naar het magische rijk. Er zitten dus verschillende elementen van fantasie in dit sciencefictionverhaal.

Dystopie: een subgenre van sciencefiction

Sciencefiction heeft vaak een kritische kijk op onze samenleving, met als doel ons bewust te maken van de manieren waarop vooruitgang schadelijk kan zijn. Dystopische fictie is een specifiek subgenre van sciencefiction dat op dit principe is gebaseerd en omvat een groot aantal romans en films die verhalen vertellen die zich afspelen in rigide, precies en mechanisch georganiseerde samenlevingen waar individuen worden opgeofferd ten gunste van het algemene belang. De mensen zijn vervreemd en vaak ongelukkig, ook al is de meerderheid zich daar niet echt van bewust. Een dystopie is dus het tegenovergestelde van een utopie, die een perfect georganiseerde, ideale wereld voorstelt waarin iedereen gelukkig is. In de meeste grote dystopische romans van de 20e eeuw wordt één personage – dat vaak op de een of andere manier anders is dan de anderen – zich ervan bewust dat hun perfect georganiseerde samenleving op leugens berust. Dit is precies wat er met Jonas gebeurt, wanneer hij zich realiseert dat zijn schijnbaar perfecte dagelijkse leven een verschrikkelijke werkelijkheid verbergt. Lowry verkent daarmee kwesties die eerder door auteurs als George Orwell, Aldous Huxley en Ray Bradbury (Amerikaanse auteur, 1920-2012) aan de orde werden gesteld.

Dystopische fictie is een belangrijke recente literaire trend en is bijzonder populair onder jongere lezers, met *The Hunger Games* van Suzanne Collins (Amerikaanse auteur, geboren in 1962) en de *Divergent*-trilogie van Veronica Roth (Amerikaanse auteur, geboren in 1988) die beide de bestsellerlijsten aanvoeren. Hedendaagse dystopische fictie is meestal gebaseerd op de opstand van een held of een groep helden tegen een onrechtvaardige sociale orde en is vaak gewelddadiger dan vroegere werken zoals *1984*. Deze opstanden zijn typisch sensationeel, met opstanden, geweld, ontberingen, avonturen en zelfs oorlog als kern van het verhaal.

The Giver daarentegen beschrijft nauwgezet de gemeenschap en het dagelijkse leven van zijn held, met uitleg over de leeftijdsceremonies, de sociale hiërarchie, de talloze manieren waarop burgers worden gecontroleerd en de uitschakeling van emoties. Vervolgens wordt ons verteld over Jonas' besluit om dingen te veranderen, maar de resultaten van zijn acties worden aan de verbeelding van de lezer overgelaten. Deze dystopische roman is niet gebaseerd op spectaculaire plotwendingen, maar op de geleidelijke ontdekking door één uitzonderlijk personage van de wereld om hem heen en het bestaan van gevoelens.

EEN TOTALITAIR SYSTEEM

In de meeste dystopische fictie heeft de groep voorrang op het individu. De afgebeelde maatschappij is een efficiënte, goed geoliede machine waarin de overheid elk aspect van het leven van haar burgers beheerst om hun individualiteit te onderdrukken en haar macht over de bevolking te handhaven. In het bijzonder proberen de autoriteiten alles wat onvoorspelbaar, ongewoon of anders is uit te roeien en daartoe proberen ze de onderscheidende kenmerken van individuen te minimaliseren om ze tot radertjes in een enorme machine te maken.

Het verlies van individualiteit ten gunste van sociale organisatie

De bevolking wordt het grootste deel van haar vrijheid ontnomen en de verschillende persoonlijkheden van de burgers worden gehomogeniseerd, wat betekent dat er minimale onderscheidende kenmerken zijn waardoor individuen zich kunnen onderscheiden van de eenvormigheid van de gemeenschap. In *The Giver* mogen de burgers geen persoonlijke keuzes maken: kinderen mogen hun fiets of hun kleren niet kiezen, terwijl volwassenen niets te zeggen hebben over hun toekomstige echtgenoot, of ze al dan niet kinderen zullen krijgen, of zelfs over de namen van hun kinderen. Omdat deze maatschappij geen concept van vrijheid kent, is rebellie onmogelijk.

De overheid neemt elke beslissing over het leven van haar burgers, hoe triviaal ook, in naam van de wetenschappelijke rationaliteit. Deze vrijheidsberoving heeft één doel: van alle leden van de samenleving mensen maken die perfect zijn aangepast aan het leven in hun gemeenschap, zodat ze niet langer een verzameling verschillende individuen zijn, maar een volgzame, homogene groep. Zoals Jonas beseft, verdwijnt door het verwijderen van kleur ook de mogelijkheid om tussen kleuren te kiezen en zich te onderscheiden.

De zwart-witte wereld waarin de burgers leven zorgt ervoor dat ze nog meer op elkaar gaan lijken.

Allesomvattende bewaking

Als de burgers eenmaal van hun vrije wil zijn ontdaan, is het noodzakelijk hen in de gaten te houden en te controleren om de sociale stabiliteit te waarborgen. De totale controle van individuen door hun regering is een hoofdbestanddeel van de dystopische literatuur, vooral omdat het ook in het echte leven bestaat: echte dictatoriale of autoritaire regimes, zoals dat van Mao Zedong (Chinese leider, 1893-1976), gebruiken deze aanpak vaak als middel om de bevolking te onderwerpen.

In *The Giver* zijn alle personages onderworpen aan zeer strenge wetten en op het niet naleven daarvan staat vaak de doodstraf. Maar, zoals in veel dystopieën, hoeven de autoriteiten geen geweld te gebruiken om ervoor te zorgen dat deze wetten worden gehandhaafd, omdat individuen elkaar in de gaten houden, waardoor ze zowel slachtoffer als dader zijn in dit zichzelf in stand houdende systeem. Een onwrikbaar vertrouwen in deze wetten wordt de burgers van jongs af aan bijgebracht. Schoolkinderen wordt niet gevraagd hun kritische denkvermogen te ontwikkelen, maar de wetten die zij nauwgezet moeten naleven uit hun hoofd te leren. Aangezien de burgers nooit een andere manier van leven hebben gekend, komt het niet in hen op om anders te denken of zich anders te gedragen.

Zodra deze ideologie wortel heeft geschoten, begint elke burger het observeren, controleren en zelfs aangeven van potentiële onruststokers als een natuurlijk onderdeel van het leven te beschouwen. Minder ernstige overtredingen worden uitgezonden via luidsprekers die overal, zelfs bij de burgers thuis, zijn opgesteld, met als doel een gevoel van schuld en schaamte te kweken zonder dat de dader bij naam hoeft te worden genoemd. Jonas herinnert zich bijvoorbeeld "met vernedering, dat de aankondiging: 'Attentie. Dit is een herinnering aan mannelijke elfen dat voorwerpen niet uit de recreatieruimte mogen worden gehaald en dat snacks moeten worden gegeten, niet opgepot' specifiek aan hem was gericht, de dag dat hij vorige maand een appel mee naar huis had genomen" (p. 28). Het is de lezer duidelijk dat ernstigere overtredingen snel en hard worden bestraft. Wanneer Jonas probeert te ontsnappen, moet hij op zijn hoede zijn voor iedereen, ook voor zijn eigen familie.

De bewaking is constant. Het doel is te weten te komen wat iedereen denkt om elke kans op rebellie uit te sluiten, wat inhoudt dat men binnendringt in de meest intieme en private gedachten van het individu. Hiertoe onderneemt Jonas' gemeenschap een verplicht dagelijks ritueel: het vertellen van dromen. Dromen bevrijden het onderbewuste en de ongecontroleerde en oncontroleerbare gedachten van de onderdanen onthullen informatie over hen. De burgers dwingen hun dromen te vertellen betekent binnendringen in de diepste krochten van hun geest om te proberen onderscheiden wat zij werkelijk denken en is een manier om te anticiperen op mogelijke sociale wanorde en deze te voorkomen.

Beheersing van passies

In dromen komen ook driften, passies en verlangens tot uiting, en die zijn nog moeilijker te beheersen dan ideeën. Wanneer Jonas zich aangetrokken voelt tot Fiona, voelt zijn lichaam een oncontroleerbaar verlangen, ook al is dit officieel verboden. Hij begrijpt dit gevoel niet helemaal, want hij wilde het niet en het kwam vanzelf bij hem op. Zijn verlangen manifesteert zich in zijn dromen, maar ook metaforisch, doordat de eerste kleur die hij ontdekt rood is, een kleur die symbolisch verbonden is met verlangen, maar ook met geweld en vechtlust.

Al deze passies worden gezien als een potentiële bedreiging voor het evenwicht van de gemeenschap. Daarom worden verschillende methoden gebruikt om ze te onderdrukken. Zo wordt het idee van paren gescheiden van het idee van voortplanting, dat op zijn beurt wordt gescheiden van de seksuele dimensie en moeten alle burgers pillen slikken die hun verlangens onderdrukken, wat neerkomt op een terloops geaccepteerde vorm van chemische castratie. Door de negatieve passies te elimineren heeft de gemeenschap echter ook de positieve passies, zoals liefde, verwijderd. In deze maatschappij hebben gevoelens hun kracht verloren en zijn ze een zwakke, verwaterde vorm van echte emotie. Door de passies van haar burgers te controleren, ontmenselijkt de overheid hen en ontneemt hen hun vermogen om te denken en te voelen, want het is hun menselijkheid die hen in opstand zou kunnen brengen.

Het leven onder totalitaire regimes is vaak georganiseerd rond door de overheid goedgekeurde ceremonies en rituelen. In *The Giver neemt* dit ritueel de vorm aan van:

- **Universele eerbied voor de leiders, het comité van ouderen.** Het comité van ouderen boezemt alle burgers diep respect in en Jonas komt zelfs niet op om de beslissingen van de ouderen, die "zo zorgvuldig zijn in hun observaties en selecties" (p. 20), in twijfel te trekken. Zijn moeder merkt op dat hun taak "waarschijnlijk de belangrijkste taak in onze gemeenschap is" (*ibid.*). De ontvanger van de herinnering heeft "de baan die het meest geëerd wordt in onze gemeenschap" (p. 77) en is zelfs belangrijker dan het comité van ouderen, hoewel hun medeburgers zich niet bewust zijn van hun werk. Zij dragen het gewicht van het collectieve geheugen van de mensheid en lijden om de gemeenschap te behoeden voor tegenslagen uit het verleden en geven advies aan het comité van ouderen.

- **De jaarlijkse viering.** Gemeenschappen die onder totalitaire regimes leven, nemen vaak ook deel aan vieringen van belangrijke mijlpalen, die voor hen een soort overgangsritueel zijn. De leden van de gemeenschap maken deel uit van groepen die belangrijker zijn dan het individu. In Jonas' gemeenschap is er een jaarlijkse ceremonie die iedereen onder de 12 jaar bijeenbrengt, waarbij de kinderen één voor één op het podium komen om officieel over te gaan naar de volgende groep. De optocht waarmee deze ceremonie gepaard gaat, is met militaire precisie gepland en volgt de regels die door de autoriteiten zijn opgesteld.

Zo moet elk lid van de gemeenschap de ceremonie bijwonen voordat het recht heeft op twee dagen vakantie. Jonas merkt op dat "er elk jaar goede dingen zijn" (p. 50), aangezien elke leeftijd gepaard gaat met een soort geschenk. Tijdens de ceremonie krijgen "Ones" bijvoorbeeld een voornaam en een familie toegewezen. Deze duidelijk omschreven stadia helpen om een hiërarchie tussen de leden van de gemeenschap vast te stellen: de "Sevens" krijgen een "jas met voorknoop [...], het eerste zeer zichtbare symbool van volwassen worden" (p. 51), terwijl de "Eights" een jas met zakken krijgen, "ten teken dat [zij] nu volwassen genoeg zijn om hun eigen kleine bezittingen bij te houden" (p. 56).

De rituelen die het leven in de gemeenschap vormgeven, sturen de leden naar een gemeenschappelijk doel. Zij kennen de regels van hun gemeenschap al hun hele leven en het volgen ervan wordt geleidelijk een tweede natuur. Volwassenen hebben slechts af en toe rituele ceremonies nodig, die dienen als een soort herinnering om op koers te blijven naar dit doel.

WOORDEN GEBRUIKEN OM DE WERKELIJKHEID TE VERANDEREN

De schijnbaar idyllische werelden van dystopische fictie hebben veel kenmerken gemeen met echte dictaturen en totalitaire regimes. Hoewel alle individualiteit is uitgebannen, moet de regering op haar hoede blijven voor elke vorm van bewustwording onder de bevolking en strenge wetten uitvaardigen om afwijkende meningen de kop in te drukken.

Om de gedachten van mensen te beheersen, is het noodzakelijk hun woorden te beheersen. Woorden worden niet alleen gebruikt om dingen te benoemen; het zijn ook instrumenten om de wereld om ons heen te begrijpen. Taalkundigen hebben aangetoond dat de ideeën die we ontwikkelen nauw samenhangen met de woorden die we kennen. In de praktijk betekent dit dat hoe groter onze woordenschat is, hoe groter ons vermogen om complexe, genuanceerde ideeën te hebben.

Beheersing van de taal betekent dus beheersing van de ideeën en de perceptie van de werkelijkheid, terwijl verandering van woorden verandering van de werkelijkheid betekent. Daarom worden Jonas en zijn leeftijdgenoten van jongs af aan streng gestraft als zij de hun opgelegde woorden niet gebruiken, of als zij een woord gebruiken buiten de juiste context, wat wordt gezien als liegen. Zo werd Jonas eens "apart genomen voor een korte privéles in taalprecisie" nadat hij had gezegd "Ik heb honger" (p. 89).

De auteur benadrukt het gebruik van het woord "vrijlaten", een eufemisme voor "ter dood veroordelen". Door dit vage woord te gebruiken dat ze niet echt begrijpen, verliezen de personages de realiteit uit het oog. Elke dag worden nieuwe kinderen, oude mensen en misdadigers ter dood veroordeeld, maar niemand beseft dat, omdat de woorden om dit proces te beschrijven zijn onderdrukt. Evenzo kan een woord dat van zijn referent is afgesneden, een andere betekenis krijgen en kunnen er nieuwe uitdrukkingen ontstaan. Dit verschijnsel doet zich voor omdat veel wezens of voorwerpen niet meer bestaan, maar de woorden ervoor maken nog steeds deel uit van de taal. Jonas en zijn leeftijdsgenoten zeggen bijvoorbeeld dat slecht opgevoede mensen zich gedragen als "dieren" (blz. 7), maar ze weten niet precies wat dit woord betekent omdat dieren in hun wereld niet meer bestaan.

Ten slotte gaat deze manipulatie van de taal gepaard met een zeer strenge regel: in Jonas' gemeenschap zijn boeken verboden omdat ze de lezer kennis kunnen laten maken met nieuwe ideeën en hem aan het denken kunnen zetten, wat wordt gezien als een bedreiging van de gevestigde orde.

DE EDUCATIEVE DIMENSIE

The Giver is gericht op een jongvolwassen lezerspubliek en heeft een belangrijke educatieve dimensie:

- **Een reflectie op de wereld.** *The Giver* zet de lezer aan tot nadenken over een reeks onderwerpen, waaronder euthanasie, eugenetica en de vrijheid om anders te zijn. Vooral euthanasie en eugenetica zijn enigszins verrassende thema's voor een roman voor jonge volwassenen, maar Lowry's behandeling ervan zet de lezer aan tot nadenken terwijl hij de held op zijn reis vergezelt. Jonas begint als een gelukkig kind, dat het juiste wil doen in een maatschappij waar opvallen wordt afgekeurd. Wanneer hij ontdekt welke rol hem is toebedeeld, verandert zijn kijk op de wereld en begint hij te rebelleren. Jonge lezers zullen zich waarschijnlijk met hem kunnen identificeren, want ook hij is een tiener die het gevoel heeft er niet bij te horen. De lezer wordt ook aangemoedigd om na te denken over de wereld om hem heen en over alles wat in de westerse samenleving als vanzelfsprekend wordt beschouwd, maar elk moment omver kan worden gegooid. De roman draagt de boodschap uit dat we Jonas' voorbeeld moeten volgen en zelf moeten nadenken in plaats van passief te accepteren wat ons wordt verteld.

- **Ter ere van gevoelens.** De roman brengt ook een ode aan gevoelens en aan de liefde in het bijzonder. In Jonas' gemeenschap zijn geen echte gevoelens mogelijk, de wereld is steriel en organisatie en de wet hebben voorrang op individualiteit. Dit rigide systeem neutraliseert in feite de liefde, een van de sterkst mogelijke gevoelens. De ouderen stellen gezinnen samen op basis van bij elkaar passende persoonlijkheidskenmerken en kinderen worden gegeven aan degenen die er klaar voor worden geacht. Ware liefde lijkt onmogelijk, vooral omdat alle personen in de vruchtbare leeftijd medicijnen krijgen om het seksuele verlangen te onderdrukken. Wanneer Jonas dit onverwachte gevoel ontdekt, is hij verbijsterd en begrijpt hij niet waarom hij er afstand van moet doen.

Ten slotte maakt de eenvoudige stijl van de roman de boodschap ervan toegankelijker, omdat jonge lezers zich kunnen concentreren op het verhaal, wat hen aanmoedigt na te denken en hun kritische denkvermogen te ontwikkelen.

VERDERE REFLECTIE

ENKELE VRAGEN OM OVER NA TE DENKEN...

- Hoe maakt het begin van de roman duidelijk dat de schijnbaar idyllische wereld die erin wordt beschreven verre van volmaakt is?

- Kunnen we zeggen dat dit verhaal een gelukkig einde heeft? Waarom?

- Is Jonas gelukkiger of ongelukkiger nadat hij de realiteit van de wereld waarin hij leeft begrijpt? Leg je antwoord uit.

- Bespreek de relatie tussen taal en werkelijkheid in de roman.

- Welke middelen (in termen van taal en ritueel) gebruikt de gemeenschap om afgesloten te blijven van de werkelijkheid?

- Welke kenmerken heeft Jonas' gemeenschap gemeen met totalitaire regimes die werkelijk hebben bestaan?

- In tegenstelling tot de meeste dystopische romans bevat *The Giver* niet veel plotwendingen. Wat is het effect van deze narratieve keuze?

- De leden van de gemeenschap moeten elke dag pillen slikken om hun verlangens te onderdrukken. In welke andere literaire dystopie doen de personages dit? Is het om dezelfde redenen?

- In *Fahrenheit 451* van Ray Bradbury worden boeken verboden en verbrand. Zijn ze om dezelfde redenen verboden als in *The Giver*? Op welk moment in onze geschiedenis werden boeken verboden en verbrand?

- Dystopie ligt heel dicht bij een ander literair genre, de utopie. Wat zijn de bekendste utopieën? In welk opzicht lijken ze op dystopieën en in welk opzicht zijn ze verschillend?

VERDER LEZEN

REFERENTIE-UITGAVE

Lowry, L. (2012). *The Giver*. Boston: Houghton Mifflin Harcourt.

AANPASSING

The Giver. (2014). [Film]. Philip Noyce. Dir. VS: Asis Productions.

*We horen graag van jou! Laat
een reactie achter op jouw online bibliotheek
en deel je favoriete boeken op social media!*

Waarom kiezen voor Must Read?

Kom alles te weten over een boek met onze beknopte en diepgaande samenvattingen en analyses!

Ontdek het beste uit de literatuur in een compleet nieuw licht!

De uitgever garandeert de betrouwbaarheid van de gepubliceerde informatie, die echter niet onder zijn verantwoordelijkheid valt.

www.50minutes.com

Master ISBN: 9782808687362
Papier ISBN: 9782808698764
Wettelijk depot: D/2023/12603/1156

Omslag: © Primento

Digitaal ontwerp: Primento, de digitale partner van uitgevers.